Alice Nambiro
Muketha Geoffrey Muchiri
Matoke Nahason Matoke

Quadro de avaliação da cibersegurança

Alice Nambiro
Muketha Geoffrey Muchiri
Matoke Nahason Matoke

Quadro de avaliação da cibersegurança

ScienciaScripts

Imprint
Any brand names and product names mentioned in this book are subject to trademark, brand or patent protection and are trademarks or registered trademarks of their respective holders. The use of brand names, product names, common names, trade names, product descriptions etc. even without a particular marking in this work is in no way to be construed to mean that such names may be regarded as unrestricted in respect of trademark and brand protection legislation and could thus be used by anyone.

Cover image: www.ingimage.com

This book is a translation from the original published under ISBN 978-3-659-81878-3.

Publisher:
Sciencia Scripts
is a trademark of
Dodo Books Indian Ocean Ltd. and OmniScriptum S.R.L publishing group

120 High Road, East Finchley, London, N2 9ED, United Kingdom
Str. Armeneasca 28/1, office 1, Chisinau MD-2012, Republic of Moldova, Europe
Printed at: see last page
ISBN: 978-620-8-14145-5

ÍNDICE DE CONTEÚDO

ABREVIATURAS E ACRÓNIMOS

CERT	Computer Emergency Response Team
CSS	Cyber Security State
GAO	General Accounting Office
ICT	Information and Communication Technology
IT	Information Technology
NACOSTI	National Commission for Science Technology and Innovation
NICE	National Initiative for Cybersecurity Education
NIST	National Institute of Standards and Technology
OPM	Office of Personal Management
PITAC	President's Information Technology Advisory Committee
SPSS	Statistical Package for Social Sciences
U.S	United State

CAPÍTULO UM

INTRODUÇÃO

1.1 Antecedentes do estudo

A forma de fazer negócios no mundo atual está a mudar rapidamente, com as novas tecnologias a ocuparem o lugar central. Tanto o governo como o sector privado estão a adotar cada vez mais as tecnologias emergentes para modernizar a sua prestação de serviços. Uma Internet de banda larga mais barata e uma maior dependência dos sistemas de tecnologia da informação, tanto no sector público como no privado, implicam um risco crescente de ciberataques e outras ameaças à segurança informática. De acordo com o Comité Consultivo para as Tecnologias da Informação do Presidente dos Estados Unidos (PITAC, 2005), as inovações nas TIC criaram toda uma nova indústria através da interconexão omnipresente que a Internet demonstrou pela primeira vez.

Além disso, esta revolução da interconectividade trouxe consigo um potencial acrescido de oportunidades, incluindo riscos e incertezas, especialmente para os cibercriminosos que podem agora causar danos com um impacto catastrófico à distância, equipados apenas com um computador e os conhecimentos necessários para identificar e explorar vulnerabilidades (PITAC, 2005). Em resultado da crescente interconectividade, os sistemas e redes de informação estão agora expostos a um número crescente e a uma maior variedade de ameaças e vulnerabilidades que levantam novas questões de segurança para todos. Este facto trouxe consigo desafios para os profissionais de TI, que não estão suficientemente sensibilizados para o fenómeno da cibercriminalidade (Obara et al, 2011).

O número de ataques é agora tão elevado e a sua sofisticação tão grande que muitas organizações têm dificuldade em determinar quais as novas ameaças e vulnerabilidades que representam o maior risco e como devem ser afectados os recursos para garantir que os ataques mais prováveis e prejudiciais são tratados em primeiro lugar (Billo e Chang, 2004).

Um número crescente de Estados parece ter reconhecido que o cibercrime e o terrorismo representam uma ameaça significativa para as infra-estruturas, os interesses comerciais e as políticas públicas das sociedades altamente industrializadas e informatizadas. Isto porque os criminosos utilizam novos vectores de ataque assim que os antigos se esgotam. Assim, os esforços para proteger as infra-estruturas cibernéticas nacionais continuam a enfrentar desafios. A compreensão mais aprofundada da avaliação da cibersegurança nos ministérios constitui a base do presente estudo.

1.2 Declaração do problema

Em todos os países desenvolvidos e em desenvolvimento, os governos, as indústrias de defesa e as empresas dos sectores financeiro, da energia e das telecomunicações são cada vez mais visados por surtos de ciberataques de criminosos e de Estados-nação que procuram obter vantagens económicas ou militares (Billo e Chang, 2004). A principal motivação para dar prioridade aos ministérios do governo do Quénia neste estudo deve-se ao facto de terem sido considerados vulneráveis a ciberataques. Isto está de acordo com o Relatório de Cibersegurança do Quénia (2014), que estimava que o Quénia perdia cerca de Ksh2 mil milhões por ano devido à cibercriminalidade. Em fevereiro de 2012, 103 sítios Web governamentais foram pirateados e, ainda em março de 2014, o sítio Web do Ministério dos Transportes foi pirateado, suscitando preocupações quanto à segurança dos sítios Web governamentais. É necessário um conhecimento exaustivo sobre a forma de avaliar a cibersegurança. Não existe um quadro que se centre especificamente na avaliação da cibersegurança nos ministérios do governo no Quénia. Isto exige uma investigação sobre a forma como a cibersegurança pode ser avaliada de modo a garantir a eficácia da prestação de serviços nos ministérios do governo do Quénia.

1.3 Objetivo geral

O objetivo geral da realização desta investigação é desenvolver um quadro de avaliação da cibersegurança nos ministérios da administração pública.

1.4 Objectivos específicos

Estabelecer o estado atual da cibersegurança nos ministérios do governo do Quénia

Identificar os desafios em matéria de cibersegurança que se colocam aos ministérios governamentais

Desenvolver um quadro de avaliação da cibersegurança nos ministérios

1.5 Questão geral de investigação

Que quadro pode ser utilizado para a avaliação da cibersegurança nos ministérios?

1.6 Questões específicas de investigação

i. Qual é o estado da cibersegurança nos ministérios do governo do Quénia?
ii. Que desafios em matéria de cibersegurança se colocam aos ministérios do governo do Quénia?
iii. Qual é o quadro que pode ser utilizado para avaliar a cibersegurança nos ministérios?

1.7 Justificação

Verifica-se um aumento exponencial da complexidade e da sofisticação dos ciberataques. Blackburn e Waters (2011) afirmam que, embora o Governo esteja a tratar da cibersegurança da indústria, é necessário um maior desenvolvimento em termos dos direitos de uma empresa individual para tomar medidas contra uma fonte de ameaça. Nos Estados Unidos, o General Accounting Office (2004) afirma que são necessários esforços a longo prazo, como o desenvolvimento de normas, a investigação sobre as vulnerabilidades da cibersegurança e as soluções tecnológicas para os problemas de cibersegurança, bem como a transição dos resultados da investigação para produtos comercialmente disponíveis. O presente quadro reflecte os requisitos da avaliação da cibersegurança.

Além disso, esperava-se que o estudo ajudasse os fornecedores de serviços Internet a avaliar a segurança dos seus serviços. Além disso, não existe qualquer investigação sobre o quadro de avaliação da cibersegurança nos ministérios públicos do Quénia, pelo que o estudo proporcionaria uma base de conhecimento e de estudo sobre os ministérios públicos por parte de académicos no domínio das TI.

1.8. Contribuição para a investigação

i. Foi identificado o estado da cibersegurança nos ministérios do governo do Quénia.
ii. Identificação dos desafios em matéria de cibersegurança que se colocam aos ministérios do governo do Quénia.
iii. Esta investigação dá um contributo muito importante para o conhecimento, através do qual foi desenvolvido um novo quadro aplicável à avaliação da cibersegurança.

1.9 Âmbito de aplicação

Este estudo centrou-se no desenvolvimento de um quadro de avaliação da cibersegurança. A investigação utilizou dois casos selecionados de ministérios do governo do Quénia. Os dados foram recolhidos através de questionários, entrevistas e documentação. Os casos foram o Ministério da Informação, da Comunicação e da Tecnologia e o Ministério das Finanças do Quénia. Isto porque o Ministério da Informação, da Comunicação e da Tecnologia é responsável pela divulgação da informação pública no país e acolhe todas as agências de comunicação. Por outro lado, o Ministério das Finanças tem a responsabilidade de formular políticas financeiras e económicas. O estudo limitou-se à avaliação da cibersegurança e a nenhum outro aspeto da cibersegurança para projectos gerais de TIC.

1.10 Quadro concetual

O quadro concetual apresentado na Figura 1.1 descreve que o Estado da cibersegurança depende das tecnologias emergentes, do aumento das ciberameaças, da sensibilização para os efeitos adversos da cibercriminalidade, da legislação e do financiamento. A cibersegurança é afetada por alguns factores como a experiência dos utilizadores, a idade do pessoal e a tecnologia utilizada.

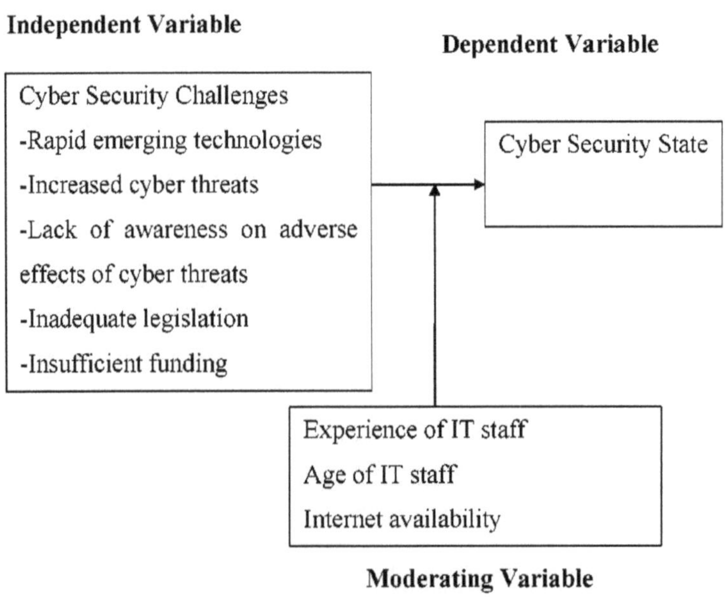

Figura 1.1: Quadro concetual

1.11 Organização da tese

A presente tese está organizada em seis capítulos, descritos nos parágrafos seguintes.

O primeiro capítulo apresenta os antecedentes do problema de investigação e o modo como o estudo se insere no domínio de investigação da avaliação da cibersegurança. Descreve também os objectivos e as questões de investigação. Por último, apresenta uma justificação da investigação sobre cibersegurança para os ministérios governamentais, bem como o âmbito da investigação.

O capítulo 2 apresenta uma análise aprofundada da literatura para o estudo. O estudo baseia-se no domínio de investigação da cibersegurança e, por conseguinte, a literatura de base para esta investigação é a literatura sobre cibersegurança. A revisão da literatura abordou os três objectivos: o estado da cibersegurança foi analisado e os desafios da cibersegurança também foram analisados. Por último, foram analisadas as estruturas de cibersegurança relevantes para este estudo, bem como os seus pontos fracos.

O terceiro capítulo descreve a metodologia utilizada para atingir os objectivos da investigação. Inclui a conceção da investigação e o instrumento utilizado. Além disso, descreve o método de amostragem utilizado. Em seguida, descreve as questões éticas em causa. A validade e a fiabilidade do instrumento de investigação são também descritas. Por último, são descritos os principais métodos estatísticos utilizados para responder às questões de investigação.

O quarto capítulo descreve o estado e os desafios da cibersegurança. Trata-se de um relatório sobre os resultados da análise dos dados estatísticos utilizados, nomeadamente a estatística descritiva e inferencial. Os resultados foram depois interpretados relativamente à avaliação da cibersegurança no contexto da investigação.

O capítulo 5 descreve o desenvolvimento do quadro de avaliação. O capítulo descreve como se chegou aos desafios interessantes em matéria de cibersegurança a utilizar no estudo. Em seguida, apresenta a arquitetura do quadro e uma explicação sobre o seu funcionamento. O capítulo apresenta depois uma comparação do quadro proposto com quadros relacionados. Por último, são também discutidos os casos de estudo que testam o quadro.

O sexto capítulo apresenta as conclusões e recomendações do estudo. Trata-se de uma descrição das conclusões que podem ser tiradas relativamente aos problemas de investigação, com base na análise e interpretação dos dados. Apresenta também uma lista de recomendações que podem ser deduzidas. Por último, são também destacados os trabalhos futuros relevantes que devem ser efectuados.

CAPÍTULO DOIS

REVISÃO DA LITERATURA

2.1 Introdução

Para cumprir o objetivo de proteger os ministérios da administração pública contra a insegurança em linha, os sistemas cibernéticos devem poder partilhar dados de forma segura, garantir a disponibilidade contínua de serviços críticos e interoperar entre sistemas. Por conseguinte, é analisada a literatura no domínio da cibersegurança. Em primeiro lugar, é analisado o estado atual da cibersegurança nos ministérios do governo queniano, seguido dos desafios à cibersegurança e, por último, uma análise dos quadros para a cibersegurança.

2.2 Estado atual da cibersegurança

De acordo com Fischer (2005), a cibersegurança refere-se a três coisas: medidas para proteger a tecnologia da informação, a informação que contém e os elementos físicos e virtuais associados (que, no seu conjunto, constituem o ciberespaço); o grau de proteção resultante da aplicação dessas medidas; e o domínio de atividade profissional associado. A cibersegurança refere-se a "uma medida de proteção dos sistemas informáticos, das redes e da informação contra a perturbação ou o acesso, a utilização, a divulgação, a modificação ou a destruição não autorizados" (Gallaher et al 2008). Neste estudo, a cibersegurança deve ser entendida como o conjunto de políticas, salvaguardas de segurança, abordagens de gestão do risco, tecnologias, acções e formação que podem ser utilizadas para proteger a organização e o ambiente cibernético, bem como os activos do utilizador. O estado da cibersegurança é a condição em que se encontram as políticas, as salvaguardas de segurança, as abordagens de gestão do risco, as tecnologias, as acções e a formação.

De acordo com Muniandy e Muniandy (2012), a Malásia é um dos países asiáticos mais atraentes para os cibercriminosos. Além disso, o relatório da Symantec, produzido em fevereiro de 2010, refere que 87% de todo o tráfego Web da Malásia é constituído por malware e que apenas 0,2% tem origem na Malásia para redes globais. Durante uma conferência de imprensa sobre cibersegurança em 2009, o nível de cibersegurança da Malásia no país era superior à média e, em muitos casos, melhor do que o de outros países desenvolvidos (Muniandy e Muniandy, 2012).

Os investigadores afirmam ainda que os resultados se baseiam nos mecanismos de resposta eficazes às ciberameaças e que foram planeados pelas autoridades malaias. Além disso, afirmou que os centros especializados em cibercrime estão sempre disponíveis para os utilizadores apresentarem as suas queixas ou quaisquer crimes informáticos. De acordo com as estatísticas recolhidas no sítio Web da Cyber Security Malaysia, os incidentes de cibercrime registados pelo Cyber999 na Malásia aumentaram de 3 564 casos em 2009 para 8 090 casos em 2010. Os crimes informáticos comunicados aumentaram 127% no período de um ano. Em novembro de 2011, o número total de crimes informáticos comunicados era de 14 157. Esta é uma prova concreta de que os crimes informáticos estão a aumentar a um ritmo alarmante.

De acordo com Cole *et al.* (2008), apenas alguns países dispunham de medidas de segurança adicionais para além da legislação. A título de exemplo, no seu estudo, Cole *et al.* (2008) constataram que o Malavi não tinha praticamente nenhuma iniciativa de cibersegurança a nível nacional. Por exemplo, o país não dispunha de normas, políticas e legislação relacionadas com a cibersegurança, nem de uma lei sobre cibercrime, nem de programas de educação para os utilizadores finais e superiores. Um estudo do Fórum Económico Mundial concluiu que o Malavi se encontrava entre os 15 últimos de 133 países inquiridos em termos de preparação para as TIC em rede (Fórum Económico Mundial, 2010).

À medida que a conetividade à Internet no Quénia floresce, o mesmo acontece com as ameaças à cibersegurança, que se estão a tornar mais dinâmicas e sofisticadas (Itosno, 2012). O investigador indica que a maioria das organizações no Quénia não sabe o suficiente sobre as ameaças ou sobre a sua própria postura de segurança para se defender adequadamente. Por exemplo, não conseguem ver sinais de um ataque porque não analisaram suficientemente os dados sobre as técnicas de ataque mais recentes. O investigador citou ainda o antigo Secretário Permanente da Informação do Quénia, Dr. Bitange Ndemo, que afirmou que a Internet de alta velocidade acarreta riscos de segurança acrescidos, pelo que é necessário desenvolver políticas para garantir um acesso mais amplo e a segurança dos utilizadores da Internet.

2.3 Desafios da cibersegurança

A segurança do ciberespaço é complicada porque envolve a dependência crescente das redes de informação que, por sua vez, introduzem vulnerabilidades e criam oportunidades a serem exploradas por criminosos, adversários e outros. Os novos desafios que se colocam às redes de dados e de comunicações estão a evoluir tão rapidamente como a expansão da infraestrutura da Internet de alta velocidade. Alguns dos desafios que os investigadores anteriores analisaram são:

2.3.1 Atividade criminosa organizada

O crescimento em flecha dos serviços TIC gerou novas oportunidades de mercado negro e cinzento que os elementos do crime organizado estão a explorar para obterem enormes vantagens financeiras. As instituições financeiras, por exemplo, já sofreram perdas significativas devido a operações de phishing e pharming. Krebs (2007) afirma que quanto mais significativo for o volume de receitas que circulam nas redes baseadas nas TIC, maior será o incentivo para os elementos do crime organizado corromperem ou explorarem economicamente recursos de dados de elevado valor. De acordo com Sipress (2004), uma economia paralela global pode, por exemplo, gerar financiamento para o terrorismo, bem como financiamento extra-orçamental para as forças armadas, a polícia ou as agências de segurança nacional dos Estados-nação.

2.3.2 Elos fracos na infraestrutura global de informação

Uma rede mal protegida é potencialmente o elo mais fraco da cadeia de cibersegurança (Allison e Strangwick, 2008); (Anderson e Moore, 2006)). Por exemplo, um malware numa rede desactualizada pode tornar-se uma rede de bots através da qual outros sistemas podem ser atacados.

Bauer e van Eeten (2009) concordaram com os efeitos de externalidade da cibersegurança. Afirmaram que os FSI não são normalmente pró-activos na identificação e remoção de botnets, tendo em conta as implicações em termos de custos. Potencialmente, qualquer mercado com uma combinação de PCs de alta capacidade, ligações de banda larga e segurança de rede deficiente (típica da maioria dos computadores domésticos com ligações permanentes à Internet) pode ser utilizado para causar estragos em infra-estruturas dependentes das TIC em qualquer ponto do globo através da espinha dorsal da Internet. Esses elos fracos criam vulnerabilidades significativas em redes nacionais inadequadamente protegidas que, infelizmente, prevalecem em muitos países em desenvolvimento. Essas redes incluem tanto as de baixa largura de banda como as de capacidade muito elevada.

Blackburn e Waters (2011) afirmam que é necessário resolver as deficiências significativas da indústria, incluindo a falta de uma governação eficaz, a má compreensão da ameaça cibernética e a partilha de dados. No entanto, muitos conselhos de administração não compreendem e, por conseguinte, não abordam os riscos comerciais no ambiente cibernético. Além disso, muitas pequenas empresas adoptam a atitude "não me vai acontecer a mim", colocando-se a si próprias e a outros em risco quando os seus sistemas são comprometidos e explorados através de ciber-intrusões. Cada vez mais, o risco operacional e a segurança da tecnologia da informação devem ser vistos como intrinsecamente ligados.

2.3.3 Potenciais operações militares

A importância potencial dos serviços baseados nas TIC como parte das operações de informação militar foi reconhecida nas doutrinas militares e de segurança nacional há pelo menos uma década. Por exemplo, no passado, ocorreram acções cibernéticas hostis entre a Índia e o Paquistão, o Azerbaijão e a Arménia, e o Japão e a República Popular da China (Billo e Chang, 2004).

2.3.4 Financiamento insuficiente

Blackburn e Waters (2011) afirmam que uma questão secundária, mas ainda assim significativa, é o financiamento da investigação e desenvolvimento da cibersegurança. Afirmam ainda que os departamentos e agências fora do sector da defesa não dispõem de fundos de investigação específicos para aplicar à cibersegurança. As ameaças à segurança enfrentadas no domínio cibernético devem ser abordadas através de um programa de investigação coerente, integrado e financiado antes da ameaça e não apenas em reação a ela.

2.3.5 Evolução constante da natureza das ciberameaças

De acordo com Dunn (2005), a capacidade dos governos para avaliar as ameaças às infra-estruturas críticas tem dependido tradicionalmente da sua capacidade para avaliar a intenção de um ator malicioso e a capacidade desse ator para levar a cabo uma ação deliberada. Afirma ainda que, devido à natureza global das redes de informação, os ataques podem ser lançados a partir de qualquer parte do mundo e que a descoberta da origem dos ataques continua a ser uma grande dificuldade, se é que chegam a ser detectados.

Dunn (2004) afirma que, em comparação com a análise tradicional das ameaças à segurança, que consiste na análise dos actores, das suas intenções e das suas capacidades, as ciberameaças têm várias caraterísticas que tornam esses ataques difíceis de monitorizar, analisar e neutralizar. Em primeiro lugar, o anonimato dos actores: O problema da identificação dos actores é particularmente difícil num domínio em que é fácil manter o anonimato e em que há intervalos de tempo entre a ação de um intruso, a intrusão propriamente dita e os efeitos da intrusão. Além disso, a proliferação contínua de tecnologias informáticas sofisticadas entre a população em geral torna a identificação dos intervenientes cada vez mais difícil.

Em segundo lugar, a ausência de fronteiras: Os ataques informáticos maliciosos não estão limitados por fronteiras políticas ou geográficas (Dunn, 2004). Afirma ainda que os ataques podem ter origem em qualquer parte do mundo e em vários locais simultaneamente. As investigações que seguem uma série de pistas falsas deliberadamente construídas podem ser demoradas e exigir muitos recursos. Em terceiro lugar, a velocidade de desenvolvimento: A tecnologia desenvolve-se muito rapidamente. O tempo entre a descoberta de uma nova vulnerabilidade e o aparecimento de uma nova ferramenta ou técnica que a explore é cada vez mais curto.

Por último, o baixo custo das ferramentas: A tecnologia empregue em tais ataques é simples de utilizar, barata e amplamente disponível (Dunn, 2004). As ferramentas e técnicas de invasão de computadores estão disponíveis em quadros de avisos informáticos e em vários sítios Web, tal como as ferramentas de cifragem e de anonimato e, por último, os métodos automatizados: Cada vez mais, os métodos de ataque tornaram-se automatizados e mais sofisticados, resultando em maiores danos num único ataque.

Dunn (2004) conclui afirmando que essas caraterísticas dificultam consideravelmente a capacidade de prever certos cenários futuros adversos. Vários tipos de incertezas tornam difícil para a comunidade de informações analisar efetivamente a natureza mutável da ameaça e o grau de risco envolvido.

Estas incertezas estão ligadas a caraterísticas inerentes às ciberameaças, caraterísticas essas que partilham com todo um conjunto de novas ameaças à segurança.

2.4 Quadros de cibersegurança

A cibersegurança é importante para a competitividade das organizações, agora que a maioria delas se tornou digital. Para que não haja perturbações, é necessária uma investigação mais aprofundada sobre a avaliação da cibersegurança. Existem alguns quadros de segurança cibernética que são relevantes para esta investigação e que são discutidos.

2.4.1 Quadro de pessoal para a cibersegurança

De acordo com o National Institute of Standards and Technology (NIST, 2011), a National Initiative for Cyber security Education (NICE) é um esforço interagências coordenado pelo NIST e centrado na sensibilização, educação, formação e desenvolvimento profissional no domínio da cibersegurança. A NICE criou o que se designa por "Cyber security Workforce Framework".

O quadro baseia-se em informações recolhidas junto das agências federais através de dois anos de inquéritos e seminários realizados pelo OPM, num importante estudo do Departamento de Defesa sobre a força de trabalho em matéria de cibersegurança e num estudo do Conselho Federal de CIO (NIST, 2011). O objetivo é incentivar e reforçar a sensibilização e a competência em matéria de cibersegurança em todo o país e desenvolver uma força de trabalho ágil e altamente qualificada, capaz de responder a uma série de ciberameaças dinâmicas e em rápido desenvolvimento. Este quadro organiza a cibersegurança em sete categorias de alto nível, cada uma das quais inclui várias áreas de especialidade. Estas incluem:

Provisionamento seguro. Trata-se de áreas de especialidade relacionadas com a concetualização, conceção e construção de sistemas informáticos seguros, com responsabilidade por alguns aspectos do desenvolvimento dos sistemas. Trata-se de áreas de especialidade responsáveis por fornecer o apoio, a administração e a manutenção necessários para garantir o desempenho e a segurança eficazes e eficientes dos sistemas informáticos.

Proteger e defender. Estas são áreas especializadas responsáveis pela identificação, análise e mitigação de ameaças aos sistemas ou redes de TI internos.

Investigar. São as áreas de especialidade responsáveis pela investigação de eventos cibernéticos e/ou crimes de sistemas informáticos, redes e provas digitais.

Operar e recolher. Estas são áreas especializadas responsáveis pela recolha altamente especializada de informações sobre cibersegurança que podem ser utilizadas para desenvolver informações.

Analisar. Estas são áreas especializadas responsáveis pela revisão e avaliação altamente especializadas das informações de segurança cibernética recebidas para determinar a sua utilidade para a inteligência.

Apoio. Trata-se de áreas especializadas que prestam apoio para que outros possam realizar eficazmente o seu trabalho em matéria de cibersegurança.

O quadro acima descrito tem limitações, embora possa ter funcionado de forma satisfatória na altura em que foi desenvolvido. Em primeiro lugar, o quadro de pessoal para a cibersegurança colocou a tónica na sensibilização, que se faz basicamente através da formação. Isto garante a segurança das ciberinfra-estruturas, como explicado no quadro. O quadro não teve em conta o facto de as tecnologias estarem sempre a emergir rapidamente, o que traz o desafio do aumento das ameaças à cibersegurança. Por esta razão, devem existir políticas e normas de cibersegurança adequadas que devem ser revistas frequentemente. Além disso, o quadro não considerou o facto de as ameaças explorarem as vulnerabilidades, pelo que deve ser implementada uma estratégia de gestão dos riscos.

Além disso, o quadro não teve em conta o facto de alguns cibercriminosos, como os vendedores ambulantes que têm intenções maliciosas, possuírem um vasto leque de conhecimentos no domínio da cibersegurança. Por conseguinte, não foi criada legislação sobre cibercriminalidade para levar os criminosos a tribunal. Por outro lado, para que qualquer iniciativa no domínio da cibersegurança seja bem sucedida, é necessário que exista uma força motriz que é o financiamento suficiente. Este quadro não apresentou qualquer orçamento para a formação.

2.4.2 Quadro de avaliação da cibersegurança na Pensilvânia

Watson (2009) desenvolveu uma metodologia abrangente de avaliação da segurança cujo objetivo era ajudar os organismos a avaliar as suas políticas e procedimentos de segurança e fornece um método para os funcionários dos organismos determinarem o estado atual dos seus programas de segurança em relação à política existente e estabelecerem objectivos de melhoria. De acordo com Watson (2009), o quadro metodológico de avaliação da segurança segue 12 etapas, como indicado a seguir:

Avaliação das melhores práticas de segurança de base. Analisa as políticas, os procedimentos e a documentação de segurança da entidade para determinar a postura de segurança. Esta avaliação baseia-se unicamente na(s) sessão(ões) de análise e na análise da documentação. Não são efectuados testes ou revisões técnicas.

Revisão da política de segurança e da organização. Rever as políticas de segurança, os procedimentos e a estrutura organizacional da entidade e avaliar em relação às melhores práticas do sector.

Avaliação da segurança física e ambiental. Revisão dos controlos de segurança física e ambiental das entidades.

Descoberta de rede interna e varreduras de vulnerabilidade. Revisar a topologia de rede atual e, em seguida, realizar varreduras de rede interna.

Descoberta de rede externa e análise de vulnerabilidades. Rever a topologia atual da rede e, em seguida, efetuar análises de redes externas.

Análise de segurança sem fios. Avaliar implementações de redes sem fios para descobrir pontos de acesso não autorizados, configurações incorrectas e problemas de segurança relacionados.

Análise de procedimentos de gestão de contas. Analisar as definições de conta predefinidas, os direitos administrativos, as práticas de delegação, o aprovisionamento de utilizadores e os procedimentos de cessação.

Análise da configuração do servidor e da estação de trabalho. Análise prática da configuração do servidor e da estação de trabalho.

Análise da infraestrutura de segurança. Analisar a infraestrutura de segurança, como firewalls, routers, switches, antivírus, sistemas de deteção/prevenção de intrusões, serviços de autenticação, servidores de acesso remoto e sistemas de gestão de chaves.

Revisão do plano de continuidade. Rever os planos e procedimentos de continuidade, incluindo a continuidade do negócio, recuperação de desastres e planos de backup e recuperação.

Revisão de Recursos Humanos. Rever os processos dos empregados, incluindo a contratação e a rescisão.

Avaliação dos programas de sensibilização e formação em matéria de segurança. Rever os actuais programas de sensibilização e formação relacionados com o emprego e a segurança.

Este quadro considerou bem a questão da sensibilização para a cibersegurança no seio da organização. No entanto, não referiu nada sobre a revisão da estrutura de gestão e da legislação em matéria de cibersegurança, uma vez que existem sempre perpetradores das iniciativas de avaliação da cibersegurança que devem ser tratados em conformidade. Além disso, para que qualquer programa seja bem sucedido, tem de haver fundos afectados ao programa. Este quadro não refere qualquer questão de financiamento do programa.

2.4.3 Quadro de Segurança Cibernética do GAO dos EUA

A utilização de um quadro global de cibersegurança ajuda na seleção de tecnologias para proteger as infra-estruturas críticas contra ciberataques (U.S., GAO, 2004). Propõe ainda que um quadro global de cibersegurança inclua

(i) Determinação dos requisitos comerciais de segurança;

(ii) Realização de avaliações de risco;

(iii) Estabelecer uma política de segurança;

(iv) Implementação de uma solução de cibersegurança que inclua pessoas, processos e tecnologias para atenuar os riscos de segurança identificados; e

(v) Monitorização e gestão contínuas da segurança.

O U.S. GAO sublinha ainda que as avaliações de risco, que são fundamentais para este quadro, ajudam as organizações a determinar quais os activos que estão mais em risco e a identificar contramedidas para mitigar esses riscos. A avaliação de riscos baseia-se na consideração de ameaças e vulnerabilidades que podem ser exploradas para infligir danos. Também se discute que, mesmo com esse quadro, há frequentemente exigências concorrentes para os investimentos em cibersegurança. Por exemplo, para algumas empresas ou infra-estruturas, a atenuação dos riscos físicos pode ser mais importante do que a atenuação dos riscos cibernéticos. Além disso, o investimento em tecnologias de cibersegurança tem de fazer sentido para a empresa.

O quadro de cibersegurança do GAO dos EUA analisou a questão das políticas e normas de segurança. Apresentou igualmente a necessidade de gestão dos riscos, uma vez que as tecnologias estão a evoluir rapidamente, por exemplo, a utilização da computação móvel e as ciberameaças estão a aumentar. No entanto, o quadro sublinha a necessidade de colocar a gestão dos riscos em primeiro plano, mas não considera a educação dos utilizadores finais, o que pode levar à prática de alguns crimes informáticos por falta de conhecimentos. O quadro também não apresentou uma análise da estrutura de gestão, ou seja, se é centralizada ou descentralizada, porque uma estrutura de gestão centralizada acarreta desafios como a falta de trabalho em equipa, o que impede a implementação eficaz de qualquer iniciativa.

Além disso, o quadro não considera a avaliação dos serviços prestados por terceiros, como os fornecedores de serviços Internet. Isto deve-se ao facto de os serviços prestados poderem criar vulnerabilidades que são exploradas pelos cibercriminosos. Também não é apresentada a legislação relativa à cibercriminalidade para lidar com os cibercriminosos e, por último, não é apresentado o financiamento, seja ele proveniente de agências de seguros ou do próprio país, para qualquer iniciativa de cibersegurança.

2.4.4 Quadro para avaliar as iniciativas de cibersegurança em África

Cole et al. (2008) afirmam que o quadro apresenta uma lista de iniciativas que se espera ver num programa abrangente de cibersegurança. Segundo os autores, as iniciativas são de alto nível, de modo a evitar especificidades técnicas. O quadro de avaliação global envolve:

Legislação em matéria de cibercriminalidade

Equipa de resposta a emergências informáticas (CERT)

Programas de ensino superior

Educação do utilizador final

Legislação sobre roubo de identidade

Infraestrutura de chave pública nacional

Certificação e acreditação de sistemas

Aplicação da lei à cibercriminalidade

Normas e políticas para medidas de segurança do sistema

De acordo com Cole et al, (2008), devem existir medidas que incluam normas e políticas relativas às medidas técnicas de segurança que estes sistemas devem empregar, a acreditação destes sistemas, legislação para criminalizar o cibercrime, harmonização da legislação internacional sobre cibercrime e um CERT nacional que forneça a estes sistemas de segurança nacional a análise de potenciais vulnerabilidades e uma resposta rápida a incidentes. Por outro lado, as normas e políticas, a acreditação e um CERT nacional servem também a segurança económica e humana, dirigindo-se especificamente às empresas privadas e aos organismos públicos, respetivamente. No caso destas medidas, as suas perspectivas de segurança dependem das organizações e sistemas a que se destinam.

O quadro apresenta bem a necessidade de sensibilização, de políticas e normas de cibersegurança e de legislação em matéria de cibersegurança. Considerou igualmente a necessidade de uma equipa de resposta a emergências informáticas. No entanto, não apresentou uma análise da estrutura de gestão, uma vez que esta contribui para a aplicação de um quadro eficaz de avaliação da cibersegurança. Além disso, o quadro não apresentou se existe uma avaliação dos serviços prestados por prestadores de serviços terceiros. Por último, não é feita uma análise do orçamento para garantir a disponibilidade de fundos suficientes para iniciar o programa de avaliação da cibersegurança.

2.5 Resumo

Garantir a cibersegurança é um aspeto muito importante tanto a nível global como para uma organização em particular. Isto garante a segurança de uma organização. Assim, têm sido realizadas várias investigações que servem de guia para a avaliação da segurança do ciberespaço. As investigações têm enfrentado alguns desafios, apesar de poderem ter funcionado a contento no momento em que foram desenvolvidas. Com base na revisão da literatura relativa aos quadros de cibersegurança, foram discutidas várias questões de cibersegurança. No entanto, os quadros apresentam algumas lacunas, nomeadamente a falta de financiamento das iniciativas de cibersegurança. Esta é uma dimensão muito importante porque a falta de financiamento adequado dos ministérios intensifica as fragilidades da cibersegurança. Isto constitui uma base para a necessidade de mais investigação sobre a avaliação da cibersegurança, que fornecerá uma solução duradoura para o desafio da avaliação da cibersegurança que está sempre a surgir.

CAPÍTULO TRÊS

METODOLOGIA

3.1 Introdução

Este capítulo contém descrições sobre a conceção da investigação adoptada, o instrumento de investigação utilizado, o procedimento de recolha de dados, a amostragem, as questões éticas consideradas e a descrição da validade e fiabilidade do questionário de investigação e da análise de dados efectuada.

3.2 Conceção da investigação

Depois de considerar cuidadosamente a importância da conceção da investigação e as opções disponíveis no paradigma positivista, a investigação foi conduzida através de uma conceção de investigação de estudo de casos múltiplos. Os casos incluem o Ministério da Informação e Comunicação e o Ministério das Finanças. Enquanto conceção de investigação, o estudo de caso tem sido explorado por vários investigadores. De acordo com Saunders, Lewis e Thornhill (2000), o estudo de caso é de particular interesse quando o objetivo é obter uma compreensão aprofundada do contexto da investigação e dos processos que começam a ser aplicados. Yin (2004) afirma que, em comparação com outros métodos, a força do método de estudo de caso é a sua capacidade de examinar, em profundidade, um caso dentro do seu contexto de vida real. Denscombe (2003) e Blonk (2003) caracterizam os estudos de caso pelo facto de se centrarem numa ou em poucas instâncias, pela sua capacidade de destacar áreas importantes da investigação devido à sua natureza de estudo aprofundado, pelo seu poder de explicar relações, causas e processos em vez de se basearem apenas nos resultados.

Denscombe (2003) revela que a principal força da abordagem dos estudos de caso é a sua capacidade de permitir que o investigador utilize uma variedade de métodos na recolha de dados. Além disso, o estudo de caso permite a replicação para procurar a generalização das conclusões (Yin, 2002). As concepções e práticas de avaliação foram analisadas e criticadas para desenvolver um quadro de avaliação da cibersegurança nos ministérios do governo do Quénia.

3.3 Instrumentos de investigação

Uma caraterística importante da estratégia de investigação de estudos de caso em relação a outras estratégias de investigação é a sua flexibilidade, que permite a recolha de dados através de diversos métodos. De acordo com (Yin, 2002), são identificadas seis fontes de provas: entrevistas, documentação, registos de arquivo, observações diretas, observação participante e artefactos físicos. Neste estudo, foram utilizadas entrevistas, documentação e um questionário. O questionário utilizado nesta investigação baseou-se em estudos anteriores, tendo sido modificadas várias perguntas e acrescentadas outras para refletir todos os construtos de medição existentes no quadro de avaliação da cibersegurança sugerido.

3.4 Procedimento de recolha de dados

O estudo utilizou dados primários e secundários. Os questionários impressos consistiam em perguntas fechadas e foram administrados pessoalmente aos inquiridos através da técnica "drop and pick". O questionário foi cuidadosamente concebido e testado com alguns membros da população para ser melhorado. Isto foi feito com o objetivo de aumentar a validade dos dados a recolher para o estudo. Foi também utilizada uma entrevista individual para validar e verificar a consistência das respostas ao questionário. O investigador também utilizou documentação e registos de arquivo. Para o efeito, visitou a biblioteca dos ministérios governamentais e os respectivos sítios Web.

3.5 Amostragem

A população-alvo deste estudo foi constituída por peritos em TI do Ministério da Informação e da Comunicação e do Ministério das Finanças. O investigador utilizou uma amostragem conveniente e intencional, sendo os principais informadores o pessoal de TI. Isto porque os inquiridos que são particularmente informativos o suficiente para responder às questões de investigação permitem alcançar eficazmente os objectivos da investigação. O pessoal de TI foi entrevistado para fornecer as informações pertinentes. Além disso, foram administrados questionários.

3.6 Questões éticas

Os formulários de autorização de investigação foram preenchidos pelo investigador e aprovados pelos dois supervisores e pelo Diretor da Escola de Estudos Graduados da Universidade Masinde Muliro de Ciência e Tecnologia, a fim de obter autorização para recolher dados. O investigador obteve então uma carta de autorização da Comissão

Nacional para a Ciência, Tecnologia e Inovação (NACOSTI) para efetuar investigação em ministérios governamentais. Além disso, foi assegurada a confidencialidade dos inquiridos, tendo-lhes sido garantido que as informações de identificação não seriam disponibilizadas a ninguém que não estivesse diretamente envolvido no estudo e que permaneceriam anónimos durante todo o estudo.

3.7 Validade e fiabilidade do instrumento de investigação

A validade refere-se ao grau em que um instrumento mede o que pretende medir (Kothari, 2010), enquanto a fiabilidade é a medida do grau em que o instrumento de investigação produzirá medidas consistentes ao longo do tempo e entre os vários itens do instrumento (Sekaran, 2003). Para garantir a validade do conteúdo, o questionário foi pré-testado num conjunto piloto de inquiridos com conhecimentos sobre os aspectos do estudo. Isto permitiu ao investigador rever o questionário com base no feedback dos inquiridos-piloto. Devido à sua capacidade de determinar a consistência interna dos itens para avaliar a sua fiabilidade, o coeficiente alfa de Cronbach foi utilizado para medir a fiabilidade da escala de medição. Verificou-se que a medição das variáveis era altamente fiável, com coeficientes alfa superiores ao coeficiente alfa de Cronbach mínimo aceitável de 0,70 (Santos, 1999). Isto é mostrado na Tabela 3.1 e na Tabela 3.2.

Quadro 3.1: Estatísticas do total de itens para o estado da cibersegurança

	Scale Mean if Item Deleted	Scale Variance if Item Deleted	Corrected Item-Total Correlation	Squared Multiple Correlation	Cronbach's Alpha if Item Deleted
The management structure is decentralized	9.50	9.688	0.485	0.255	0.761
The cyber security infrastructure is secure	9.73	10.834	0.454	0.242	0.764
Cyber security risk assessment and audit	9.34	8.908	0.701	0.590	0.679
There are adequate security policies and standards	9.31	10.383	0.596	0.441	0.724
There is security in services provided by third parties	9.23	9.757	0.537	0.398	0.739

Coeficientes de fiabilidade 5 itens

Alfa = 0,776 Alfa do item padronizado = 0,779

Tabela 3.2: Estatísticas item-total para os desafios de cibersegurança

	Scale Mean if Item Deleted	Scale Variance if Item Deleted	Corrected Item-Total Correlation	Squared Multiple Correlation	Cronbach's Alpha if Item Deleted
Rapid emerging technologies	15.30	8.284	0.604	0.374	0.755
Increased cyber security threats	15.31	8.877	0.543	0.301	0.774
Lack of awareness on the adverse effects of cyber crime	15.43	8.860	0.642	0.421	0.745
Inadequate legislation	15.49	8.912	0.589	0.367	0.759
Inadequate funding	15.21	8.991	0.540	0.299	0.774

Coeficientes de fiabilidade 5 itens

Alfa = 0,800 Alfa do item padronizado = 0,801

3.8 Análise de dados

A análise estatística dos dados para esta investigação foi a seguinte;

Objetivo 1: Foram recolhidos dados sobre o estado atual da cibersegurança através de questionários e entrevistas. Além disso, foi utilizada documentação. Foi utilizada a estatística descritiva para apresentar os resultados que formam o estado da cibersegurança. Isto foi possível graças à utilização do software Statistical Package for Social Sciences (SPSS).

Objetivo 2: Foram recolhidos dados sobre os desafios da cibersegurança através de questionários, entrevistas e documentação. Foi utilizada a estatística descritiva para apresentar os resultados que formam os desafios da cibersegurança. Isto foi possível graças à utilização do software Statistical Package for Social Sciences (SPSS).

Objetivo 3: A avaliação dos dados recolhidos constituiu os contributos considerados na conceção do quadro de avaliação da cibersegurança nos ministérios do Governo do Quénia. Na análise, foi utilizada a estatística inferencial, através do coeficiente de correlação de Karl Pearson, para mapear a relação entre os desafios em matéria de cibersegurança e o estado da cibersegurança.

3.9 Resumo

Este capítulo descreveu a conceção de investigação adoptada, que consiste num estudo de casos múltiplos, e os instrumentos de investigação utilizados, que foram o questionário, a entrevista e a documentação. Na recolha de dados, foram utilizados dados primários e secundários. Neste estudo, recorreu-se a uma amostragem selectiva, em que o pessoal de TI do Ministério da Informação, Comunicação e Tecnologia e do Ministério das Finanças foi utilizado.

As questões éticas também foram consideradas, tendo sido seguidos todos os protocolos necessários antes de se iniciar a recolha de dados, o que incluiu consultas a todas as autoridades relevantes. O questionário de investigação foi testado quanto à sua validade e fiabilidade, tendo-se verificado que a medição das variáveis era altamente fiável, com um coeficiente alfa de Cronbach superior ao mínimo aceitável de 0,70. Por último, foi apresentada uma explicação sobre a forma como os dados foram analisados em conformidade com os objectivos.

CAPÍTULO QUATRO

RESULTADOS E DISCUSSÃO

4.1 Introdução

Este capítulo começa por apresentar a taxa de resposta dos inquiridos. Em seguida, apresenta a análise descritiva dos dados e apresenta os resultados do estudo sob a forma de tabelas, frequências e percentagens. Além disso, é apresentada uma análise de correlação que mostra as relações entre os desafios da cibersegurança e o estado da cibersegurança com um intervalo de confiança de 95%. De um modo geral, este capítulo dá resposta ao objetivo um e ao objetivo dois.

4.2 Taxa de resposta

O estudo visou uma amostra de 100 inquiridos do Ministério das Finanças e do Ministério da Informação e Tecnologia, dos quais 86 preencheram e devolveram os questionários, perfazendo uma taxa de resposta de 86,0%. Esta taxa de resposta foi excelente e representativa e está em conformidade com Mugenda e Mugenda (1999), que afirmam que uma taxa de resposta de 50% é adequada para análise e elaboração de relatórios; uma taxa de 60% é boa e uma taxa de resposta de 70% ou mais é excelente.

4.3 Apresentação dos resultados descritivos

Esta secção apresenta uma discussão dos padrões importantes que emanam dos dados da investigação. Inclui a informação demográfica, as variáveis do estado da cibersegurança e as variáveis relativas aos desafios da cibersegurança. Os resultados são apresentados sob a forma de quadros.

4.3.1 Informações demográficas

As informações gerais deste estudo são: Sexo do inquirido, idade do inquirido, experiência do inquirido e a disponibilidade de infraestruturas tecnológicas em termos da presença de conetividade à Internet na organização.

4.3.1.1 Sexo do inquirido

O estudo procurou determinar o género dos inquiridos. Os resultados são apresentados no Quadro 4.1, que revela que 54,7% dos inquiridos eram do sexo masculino e 45,3% do sexo feminino. Isto prova que ambos os géneros estavam bem representados no estudo e que, por conseguinte, a informação obtida era representativa de ambos os géneros.

Tabela 4.1: Género do inquirido

	Frequency	Percent (%)
Female	39	45.3
Male	47	54.7
Total	86	100.0

4.3.1.2 Idade do inquirido

O estudo procurou determinar a idade dos inquiridos. Os resultados são apresentados no Quadro 4.2, que revela que 51,2% dos inquiridos tinham idades compreendidas entre os 18 e os 30 anos, enquanto 48,8% tinham mais de 30 anos. Isto prova que a utilização indevida da Internet por crianças é desencorajada, porque todo o pessoal de TI tem mais de 18 anos e, por conseguinte, está para além da idade infantil.

Quadro 4.2: Idade do inquirido

	Frequency	Percent (%)
Below 18 years	0	0.0
18 – 30 years	44	51.2
Above 30 years	42	48.8
Total	86	100.0

4.3.1.3 Experiência do inquirido

O estudo procurou determinar o período em que os inquiridos trabalharam com os respectivos ministérios governamentais. Os resultados são apresentados no Quadro 4.3. Dos resultados do estudo, 25,6% dos inquiridos tinham trabalhado com os seus ministérios durante mais de 9 anos, 44,2% tinham trabalhado com os seus ministérios durante 6-9 anos, 22,1% tinham trabalhado com os seus ministérios durante 3-5 anos, enquanto 8,1% tinham trabalhado com os seus ministérios durante um período não superior a 2 anos.

Quadro 4.3: Experiência do inquirido

	Frequency	Percent (%)
Below 2 years	7	8.1
3 – 5 years	19	22.1
6 – 9 years	38	44.2
Above 9 years	22	25.6
Total	86	100.0

4.3.1.4 Disponibilidade da Internet

O estudo procurou determinar a disponibilidade da Internet nos ministérios governamentais. Isto deve-se ao facto de a Internet ser a infraestrutura tecnológica na qual ocorre a maioria dos ciberataques. O estudo provou que ambos os ministérios tinham Internet disponível, como mostra a Tabela 4.4, pelo que todos eles são vulneráveis a ciberataques.

Tabela 4.4: Disponibilidade da Internet

	Frequency	Percent (%)
Yes	86	100.0
No	0	0.0

4.3.2 Estado da cibersegurança

Esta secção apresenta os resultados do Estado da Cibersegurança. Esta foi a variável dependente do estudo. Para determinar os contributos do estado de cibersegurança nos ministérios, a média de cada contributo do estado de cibersegurança foi calculada numa escala de 5 pontos em que "1 = Discordo totalmente", "2 = Discordo", "3 = Não tenho a certeza", "4 = Concordo" e "5 = Concordo totalmente".

4.3.2.1 Estrutura de gestão

Ao responderem à questão de que a estrutura de gestão é descentralizada, 27,9% discordaram fortemente, 43,0% discordaram, 7,0% não tinham a certeza, 17,4% concordaram e 4,7% concordaram fortemente, como mostra a Tabela 4.5. Seguindo as variações nas respostas, isso implica que a estrutura de gestão não é tão descentralizada como se esperava, com 67,9% de discordância. Este facto contribui largamente para o mau estado da cibersegurança. Este facto está de acordo com um estudo realizado por Heather (2008) sobre as competências necessárias para apoiar o trabalho colaborativo, no qual afirma que os funcionários que tiveram êxito na criação de colaborações dão mais ênfase à compreensão interpessoal, ao trabalho de equipa e à cooperação, bem como à liderança da equipa nos seus esforços de colaboração.

Quadro 4.5: Estrutura de gestão

	Frequency	Percent (%)
Strongly disagree	24	27.9
Disagree	37	43.0
Not sure	6	7.0
Agree	15	17.4
Strongly agree	4	4.7
Total	86	100.0

4.3.2.2 Ciberinfra-estruturas

Ao responderem à pergunta sobre a segurança das ciberinfra-estruturas, 33,7% discordaram fortemente, 38,4% discordaram, 17,4% não tinham a certeza e 10,5% concordaram, como mostra o Quadro 4.6. A ciberinfra-estrutura é constituída por sistemas informáticos, sistemas de armazenamento de dados, ambientes de visualização e pessoas, todos ligados por redes de alta velocidade. Isto implica que a segurança da ciberinfra-estrutura não corresponde às expectativas dos ministérios, como se pode ver pelas respostas.

Quadro 4.6: Infra-estruturas de cibersegurança

	Frequency	Percent (%)
Strongly disagree	29	33.7
Disagree	33	38.4
Not sure	15	17.4
Agree	9	10.5
Total	86	100.0

4.3.2.3 Estratégia

Esta questão procurava saber se os ministérios do governo realizam acções de formação em matéria de cibersegurança, gestão de riscos e medidas de auditoria. 18,6% discordaram fortemente, 44,2% discordaram, 14,0% não tinham a certeza, 20,9% concordaram e 2,3% concordaram fortemente, como mostra o Quadro 4.7. As conclusões coincidem com o Relatório sobre a Cibersegurança no Quénia de 2014, que afirma que o Governo queniano ainda não definiu uma estratégia clara para a proteção das infra-estruturas críticas, incluindo as telecomunicações, os transportes, a energia e os serviços financeiros, o que constitui uma indicação clara da vulnerabilidade do país ao ciberterrorismo (Relatório sobre a Cibersegurança no Quénia, 2014).

Quadro 4.7: Estratégia

	Frequency	Percent (%)
Strongly disagree	16	18.6
Disagree	38	44.2
Not sure	12	14.0
Agree	18	20.9
Strongly agree	2	2.3
Total	86	100.0

4.3.2.4 Políticas e normas de cibersegurança

Esta pergunta procurava saber se existem políticas e normas adequadas em matéria de cibersegurança nos ministérios do Governo. Ao responderem à pergunta, 10,5% discordaram fortemente, 50,0% discordaram, 22,1% não tinham a certeza e 17,4% concordaram, como mostra o Quadro 4.8. Isto implica, para muitos, que embora existam algumas políticas e normas TIC, estas não satisfazem totalmente os requisitos de cibersegurança, pelo que não correspondem às expectativas dos ministérios governamentais, como se pode ver pelas respostas. Da lei do Quénia: política de privacidade sobre o acesso aos sítios Web dos ministérios do governo em que não são recolhidas informações pessoais do visitante, sendo antes reconhecido o servidor doméstico do visitante.

Quadro 4.8: Políticas e normas de cibersegurança

	Frequency	Percent (%)
Strongly disagree	9	10.5
Disagree	43	50.0
Not sure	19	22.1
Agree	15	17.4
Total	86	100.0

4.3.2.5 Segurança dos serviços prestados por terceiros

Esta pergunta procurava saber se existem medidas de segurança adequadas para garantir a segurança dos serviços prestados por terceiros nos ministérios. Ao responderem à pergunta, 12,8% discordaram fortemente, 45,3% discordaram, 25,6% não tinham a certeza, 7,0% concordaram e 9,3% concordaram fortemente, como mostra o Quadro 4.9.

As respostas indicam que os ministérios governamentais envidam alguns esforços para garantir a segurança dos serviços prestados por terceiros. Apenas se procede à verificação e, em seguida, assume-se que a segurança do serviço está actualizada. Um exemplo é o facto de os ministérios do governo do Quénia não recolherem informações pessoais sobre os visitantes dos sítios Web, mas poderem saber qual o fornecedor de serviços Internet que prestou o serviço, mas não os acompanham em caso de problemas.

Quadro 4.9: Segurança dos serviços prestados por terceiros

	Frequency	Percent (%)
Strongly disagree	11	12.8
Disagree	39	45.3
Not sure	22	25.6
Agree	6	7.0
Strongly agree	8	9.3
Total	86	100.0

4.3.3 Desafios da cibersegurança

Esta secção apresenta os resultados dos desafios em matéria de cibersegurança enfrentados pelos ministérios governamentais. Esta foi a variável independente do estudo. Para determinar os contributos dos desafios em matéria de cibersegurança nos ministérios, a média de cada contributo do Estado em matéria de cibersegurança foi calculada numa escala de 5 pontos em que "1 = discordo totalmente", "2 = discordo", "3 = não tenho a certeza", "4 = concordo" e "5 = concordo totalmente".

4.3.3.1 Tecnologias emergentes

Esta pergunta procurava saber se as tecnologias emergentes representam um desafio para os ministérios. Ao responderem à pergunta, 16,3% discordaram, 12,8% não tinham a certeza, 37,2% concordaram e 33,7% concordaram fortemente, como mostra a Tabela 4.10. Este facto pode ser comprovado de acordo com Tonge, Kasture & Chaudhari (2013), que afirmam que desenvolvimentos como os telefones inteligentes e a computação em nuvem significam que estamos a assistir a um conjunto totalmente novo de problemas relacionados com a interconectividade que exige uma nova regulamentação e uma nova forma de pensar.

Quadro 4.10: Tecnologias emergentes

	Frequency	Percent (%)
Disagree	14	16.3
Not sure	11	12.8
Agree	32	37.2
Strongly agree	29	33.7
Total	86	100.0

4.3.3.2 Aumento das ameaças cibernéticas

Esta pergunta procurava saber se o aumento das ciberameaças constitui um desafio para os ministérios. Ao responderem à pergunta, 14,0% discordaram, 14,0% não tinham a certeza, 43,0% concordaram e 29,1% concordaram fortemente, como mostra o Quadro 4.11. O Ministério da Informação calculou que se perdem anualmente cerca de 2 mil milhões de xelins quenianos devido à cibercriminalidade e, com o aumento da utilização da tecnologia e das novas formas de cibercriminalidade organizada, o aumento é inevitável (Kenya Cyber Security Report, 2014).

Quadro 4.11: Aumento das ciberameaças

	Frequency	Percent (%)
Disagree	12	14.0
Not sure	12	14.0
Agree	37	43.0
Strongly agree	25	29.0
Total	86	100.0

4.3.3.3 Sensibilização para os efeitos adversos das ciberameaças

Esta pergunta procurava saber se algumas das ameaças à cibersegurança ocorrem devido à falta de sensibilização para os efeitos adversos da cibersegurança nos ministérios. Ao responderem à pergunta, 10,5% discordaram, 23,3% não tinham a certeza, 46,5% concordaram e 19,8% concordaram fortemente, como mostra o Quadro 4.12. Os resultados estão de acordo com o relatório que afirma que a formação técnica sobre vários aspectos da cibersegurança é oferecida a alguns funcionários públicos e o problema com essas formações é que o conhecimento permanece com indivíduos que não estão diretamente envolvidos na implementação ou execução da função (Kenya Cyber Security Report, 2014).

Quadro 4.12: Sensibilização para os efeitos adversos das ciberameaças

	Frequency	Percent (%)
Disagree	9	10.5
Not sure	20	23.2
Agree	40	46.5
Strongly agree	17	19.8
Total	86	100.0

4.3.3.4 Legislação

Esta pergunta procurava saber se a legislação em vigor cobre bem a cibersegurança nos ministérios. Ao responderem à pergunta, 12,8% discordaram, 24,4% não tinham a certeza, 43,0% concordaram e 19,8% concordaram fortemente, como mostra o Quadro 4.13. Isto está de acordo com o regulamento de 2009 relativo às comunicações (transacções electrónicas) do Quénia, que não contém disposições específicas sobre a responsabilidade dos intermediários da Internet no Quénia.

Quadro 4.13: Legislação

	Frequency	Percent (%)
Disagree	11	12.8
Not sure	21	24.4
Agree	37	43.0
Strongly agree	17	19.8
Total	86	100.0

4.3.3.5 Financiamento

Esta pergunta procurava saber se existem fundos afectados à cibersegurança e, caso existam, se são insuficientes nos ministérios governamentais. Ao responderem à pergunta, 10,5% discordaram, 16,3% não tinham a certeza, 38,4% concordaram e 34,9% concordaram fortemente, como mostra a Tabela 4.14. Isto está de acordo com a afirmação de Blackburn e Waters (2011), segundo a qual os departamentos e agências fora do sector da defesa não dispõem de financiamento dedicado à investigação para aplicar à cibersegurança. Os investigadores afirmam ainda que as ameaças à segurança enfrentadas no domínio cibernético devem ser abordadas através de um programa de investigação coerente, integrado e financiado antes da ameaça e não apenas em reação a ela. As conclusões também estão de acordo com as conclusões de Joeli, que afirma que os esforços secundários e a fraca orçamentação da defesa da cibersegurança não protegem as agências governamentais e as suas redes (Joeli, 2010).

Quadro 4.14: Financiamento

	Frequency	Percent (%)
Disagree	9	10.5
Not sure	14	16.3
Agree	33	38.4
Strongly agree	30	34.9
Total	86	100.0

4.4 Resultados da estatística inferencial

Os resultados desta secção foram apresentados de acordo com as variáveis de estudo do quadro concetual, ou seja, os desafios da cibersegurança como variável independente e o estado da cibersegurança como variável dependente. Esta secção destacou as inter-relações dentro das variáveis utilizando o coeficiente de correlação de Karl Pearson para todas as variáveis do estudo.

4.4.1 Correlação de Pearson entre os Desafios da Cibersegurança e o Estado da Cibersegurança

Esta secção indica claramente a correlação entre os desafios individuais em matéria de cibersegurança e o estado de cibersegurança, com um intervalo de confiança de 95%, na ausência de variáveis moderadoras. Os desafios que se correlacionam com o estado de cibersegurança são as tecnologias emergentes rápidas, o aumento das ciberameaças, a falta de sensibilização para os efeitos adversos da cibercriminalidade, a legislação inadequada e o financiamento insuficiente, como mostra o Quadro 4.15. As tecnologias emergentes rápidas têm uma correlação negativa estatisticamente significativa (r = -0,282 e p-value = 0,009, que é inferior a 0,05) com o estado de cibersegurança. Isto mostra que, à medida que as tecnologias vão surgindo, o estado de cibersegurança vai diminuindo, pelo que é necessário intervir. O aumento das ciberameaças tem uma correlação negativa estatisticamente significativa (r = -0,304 e p-value = 0,004, que é inferior a 0,05) com o estado de cibersegurança. Isto mostra que, à medida que as ciberameaças aumentam, o estado de cibersegurança diminui. A sensibilização para os efeitos adversos do cibercrime tem uma correlação negativa estatisticamente significativa (r = -0,369 e valor de p = 0,000, que é inferior a 0,05) com o estado de cibersegurança. Isto prova que a falta de sensibilização para os efeitos adversos da cibercriminalidade permite a prática de cibercrimes e, consequentemente, o estado de cibersegurança é afetado negativamente. A legislação em matéria de cibercriminalidade tem uma correlação negativa estatisticamente significativa (r = -0,357 e valor de p =

0,001, que é inferior a 0,05) com o estado de cibersegurança. Isto mostra que, se fosse adoptada legislação adequada em matéria de cibersegurança, o estado da cibersegurança melhoraria. Por último, o financiamento tem uma correlação negativa estatisticamente significativa (r = -0,285 e valor de p = 0,008, que é inferior a 0,05) com o estado da cibersegurança. Isto mostra que um financiamento insuficiente afecta diretamente e de forma negativa o estado da cibersegurança.

Quadro 4.15: Correlação entre o estado da cibersegurança e os desafios da cibersegurança

	Cyber Security State	p-value
Rapid Emerging Technologies	-0.282**	0.009
Increased Cyber Threats	-0.304**	0.004
Awareness	-0.369**	0.000
Cyber Legislation	-0.357**	0.001
Funding	-0.285**	0.008

**A correlação é significativa ao nível de 0,01 (bicaudal)

4.4.2 Resultados da correlação entre os desafios da cibersegurança e os desafios da cibersegurança

Estado de segurança com variáveis moderadoras

A análise nesta secção procurou investigar se os factores organizacionais tinham algum efeito moderador na relação entre os desafios de cibersegurança e o estado de cibersegurança. Foi utilizada a análise de correlação parcial para efetuar a análise. O investigador correlacionou a média dos desafios de cibersegurança com a média do estado de cibersegurança, tendo em conta os factores organizacionais como variáveis de controlo para obter os coeficientes de correlação parcial. O quadro seguinte apresenta um resumo dos efeitos moderadores dos factores organizacionais.

Os resultados da Tabela 4.16 sugerem que os factores organizacionais moderam significativamente a relação entre os desafios da cibersegurança e o estado da cibersegurança. No entanto, o grau e a direção da moderação variam de uma variável moderadora para outra. Por exemplo, a idade do pessoal de TI tem um efeito moderador moderadamente positivo ($r_{xy.z}$ = -0,386, p-value=0,000) e a experiência do pessoal de TI tem um efeito moderador significativo ligeiramente negativo ($r_{xy.z}$ = -0,400, p-value= 0,000). Isto implica que a presença da idade do pessoal de TI melhora a relação, enquanto a experiência do pessoal de TI no modelo de correlação suprime a relação. É o que mostra o Quadro 4.16.

Tabela 4.16: Resultados para Desafios de Cibersegurança e Estado de Cibersegurança com Variáveis Moderadoras

Moderating Variable (z_i)	First order partial correlation coefficient ($r_{xy.z}$)	Moderation effect of organizational factor (compared to zero order simple correlation coefficient r_{xy} = - 0.387)	Significance (p-value = .01, 2-tailed)
Age of IT personnel	-0.386	Moderately Positive	.000
Experience of IT personnel	-0.400	Slightly Negative	.000

4.5 Temas da entrevista

Quando se perguntou aos inquiridos se consideravam a cibersegurança importante para a sua organização, todos concordaram, apresentando como razões, entre outras, o facto de os crimes estarem atualmente em linha e de as organizações lidarem com informações críticas necessárias para a prestação de serviços públicos. Quando lhes foi perguntado se as organizações tinham um plano formalizado que definisse políticas e procedimentos para responder a eventos de cibersegurança cometidos contra a organização. A maioria argumentou que não houve grandes falhas no sistema de ciberinformação. Embora existam políticas de TIC, estas não abrangem totalmente as questões de cibersegurança.

Ao serem questionados sobre se a certificação e a acreditação do sistema são efectuadas na organização, a maioria dos inquiridos discordou, afirmando que apenas verificam o sistema em relação à especificação e, em seguida, emitem o certificado. Quando se perguntou aos inquiridos se as organizações dispunham de legislação sobre cibercrime, respondieram que existe a Lei da Comunicação da Informação do Quénia de 2009, que abrange as TIC sem especificar as questões de cibersegurança.

Ao perguntar aos inquiridos se o software utilizado é seguro, a maioria concordou que acredita que é seguro porque é original. Ao perguntar aos inquiridos se existem fundos afectados para fazer face aos riscos de cibersegurança, a maioria discordou, enquanto alguns afirmaram que os fundos são afectados de uma forma geral, sendo cobrados em rubricas normalizadas como aplicações e software. Os inquiridos discordaram que não há registo de segurança informática ativado e que também não há registo de sítios Web ativado.

4.6 Resumo

Este capítulo apresentou os resultados da análise dos dados. Em primeiro lugar, verificou-se uma taxa de resposta de 86,0% para os questionários. Os resultados da estatística descritiva foram depois apresentados em tabelas e percentagens. Os resultados descritivos apresentaram o primeiro e o segundo objectivos do estudo. Em seguida, foram apresentados os resultados da correlação entre os desafios em matéria de cibersegurança e o estado da cibersegurança. Por último, foram apresentados os resultados da entrevista.

CAPÍTULO CINCO

QUADRO DE AVALIAÇÃO DA CIBERSEGURANÇA DESENVOLVIMENTO

5.1 Introdução

Este capítulo foi elaborado com base nos resultados do estudo de casos múltiplos do capítulo quatro. Fornece ideias sobre a forma como os desafios de cibersegurança, que constituem a variável independente, foram selecionados. Apresenta também a arquitetura do quadro de avaliação da cibersegurança, dando assim resposta ao objetivo três. Além disso, fornece uma explicação sobre o funcionamento do quadro de avaliação da cibersegurança. Também fornece provas dos resultados através da utilização de um estudo de caso. Por último, é apresentada uma comparação do quadro de avaliação da cibersegurança com os quadros de avaliação existentes.

5.2 Análise dos desafios em matéria de cibersegurança

O processo de seleção dos potenciais desafios em matéria de cibersegurança utilizados neste estudo foi objeto de uma análise cuidadosa. Em primeiro lugar, foi utilizada a estatística descritiva para analisar os dados fornecidos pelos inquiridos sobre os desafios de cibersegurança. Em seguida, foi efectuada uma correlação de Karl Pearson entre os desafios em matéria de cibersegurança e o estado da cibersegurança com um intervalo de confiança de 95%. Os desafios de cibersegurança que se revelaram estatisticamente significativos em relação ao estado da cibersegurança foram considerados no desenvolvimento do quadro. Os desafios estabelecidos no estudo incluem: tecnologias emergentes rápidas, aumento das ciberameaças, sensibilização para os efeitos adversos da cibercriminalidade, legislação em matéria de cibercriminalidade e financiamento.

5.3 Arquitetura do quadro

Com base nos resultados da análise efectuada no capítulo 4, é possível determinar a contribuição de cada desafio de cibersegurança para a existência de cibersegurança total numa organização. Os factores que constituem os desafios de cibersegurança foram obtidos a partir da análise de correlação efectuada entre cada desafio de cibersegurança e o estado de cibersegurança. Da análise de correlação apresentada na Tabela 4.15, todos os desafios de cibersegurança se correlacionaram negativamente com o estado de cibersegurança. As tecnologias emergentes rápidas correlacionam-se negativamente com um valor de -0,282. O aumento das ciberameaças correlacionou-se negativamente com um valor de -0,304. A sensibilização para os efeitos adversos da cibercriminalidade correlacionou-se negativamente com um valor de -0,369. A legislação em matéria de cibercrime correlacionou-se negativamente com um valor de -0,357. Por último, o financiamento correlacionou-se negativamente com um valor de -0,285. Com base nos resultados da análise de correlação, foi desenvolvido o quadro proposto para a cibersegurança, tal como ilustrado na Figura 5.1.

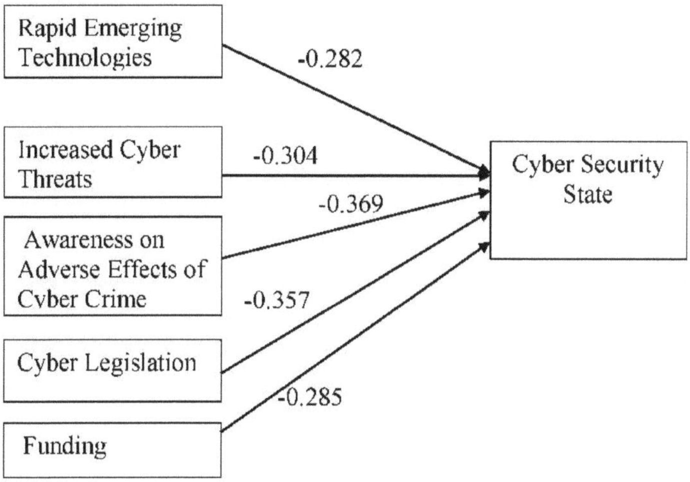

Figura 5.1: Quadro proposto para a avaliação da cibersegurança

5.4 Quadro de Implicações para os Ministérios do Governo do Quénia

O quadro de avaliação da cibersegurança proposto na Figura 5.1 ilustra a medição do estado da cibersegurança de acordo com os desafios da cibersegurança neste contexto de investigação. De acordo com os resultados, a falta de sensibilização para os efeitos adversos da cibercriminalidade é o pior desafio que se coloca à aplicação efectiva da cibersegurança neste contexto de investigação. Isto significa que, mesmo que todos os recursos estejam disponíveis e o pessoal não esteja informado sobre os efeitos da cibercriminalidade, a cibersegurança total não pode ser alcançada porque alguns dos crimes são internos.

O segundo maior desafio que impede a aplicação efectiva da cibersegurança neste contexto de investigação é a legislação inadequada em matéria de cibersegurança. Isto significa que, se as questões de cibersegurança não forem bem implementadas pelos órgãos legislativos, os cibercriminosos não terão nada a temer ao levar a cabo as suas acções, uma vez que sabem que podem escapar impunes e, assim, o estado de cibersegurança fica comprometido.

O terceiro maior desafio que afecta a aplicação efectiva da cibersegurança neste contexto é o aumento das ciberameaças. As ciberameaças assumem diferentes formas, algumas das quais são causadas por trabalhadores internos, outras por organismos externos e ainda outras por comprometimento da infraestrutura do sistema cibernético. Por conseguinte, se todos estes factores forem tidos em consideração, o estado da cibersegurança melhorará.

O quarto maior desafio que impede a aplicação efectiva da cibersegurança neste contexto é o financiamento insuficiente. Uma vez que a tecnologia está a avançar de dia para dia, os avanços têm de ser adoptados, o que tem um custo. Por conseguinte, para uma implementação eficaz, é necessário que haja fundos suficientes para implementar todos os pormenores de segurança que acompanham o avanço tecnológico. O último desafio que afecta a aplicação eficaz da cibersegurança neste contexto é a rápida emergência de tecnologias. Se as tecnologias emergentes não forem adoptadas, os serviços oferecidos ao público não estarão seguros de acordo com as expectativas do recetor do serviço.

5.5 Comparação do quadro proposto com quadros relacionados

Para verificar se o quadro de avaliação da cibersegurança proposto é o melhor quadro de avaliação a aplicar, foi comparado com os quadros de avaliação da cibersegurança existentes, que poderiam ter funcionado de forma satisfatória durante o período em que foram desenvolvidos, mas que, devido aos avanços digitais, foram sendo progressivamente eliminados. Esta comparação baseou-se em várias questões, nomeadamente: resposta a tecnologias emergentes rápidas, maior consideração das ciberameaças, sensibilização para os efeitos adversos da cibersegurança, legislação em matéria de cibercrime e financiamento de iniciativas de cibersegurança, como mostra o Quadro 5.1, em que uma marca de verificação (V) indica uma dimensão satisfeita e uma cruz (x) indica uma dimensão insatisfeita.

Quadro 5.1: Comparação do quadro proposto com quadros relacionados

Framework	Rapid emerging technologies	Increased cyber threats	Awareness	Cyber crime legislation	Sufficient funding
Cyber Security workforce framework	x	x	√	X	x
Pennsylvania cyber security Assessment Framework	x	√	√	X	x
U.S, GAO cyber security framework	√	√	x	X	x
Framework for assessing cyber security initiatives in Africa	x	√	√	√	x
Proposed Cyber security assessment framework	√	√	√	√	√

5.6 Estudos de caso

O quadro proposto foi testado com base em estudos de casos concretos que incluem o Ministério dos Negócios Estrangeiros e do Comércio Internacional e o Ministério do Trabalho, da Segurança Social e dos Serviços. Foi utilizada uma escala de classificação de 1 a 7, em que 7 representa a classificação mais elevada e 1 a mais baixa. O pessoal de T.I. classificou cada desafio de cibersegurança em relação ao estado da cibersegurança da seguinte forma: 1 = discordo totalmente; 2 = discordo moderadamente; 3 = discordo ligeiramente; 4 = não tenho a certeza; 5 = concordo ligeiramente; 6 = concordo moderadamente; e 7 = concordo totalmente. Quanto mais elevada for a classificação, maior é a concordância de que o desafio existe efetivamente no ministério em grande medida. Os resultados foram então codificados.

5.6.1 Ministério dos Negócios Estrangeiros e do Comércio Internacional

O Ministério dos Negócios Estrangeiros e do Comércio Internacional do Quénia é responsável pela gestão da política externa do Quénia e pela implementação das posições nacionais na prossecução dos interesses nacionais em assuntos bilaterais, regionais e globais. Este ministério foi utilizado para determinar se o quadro proposto é aplicável ao ministério.

A relação entre as tecnologias emergentes rápidas e o estado da cibersegurança seguiu um modelo de regressão simples da natureza, CSS= - 0,282 X_1 , em que CSS representa o estado da cibersegurança, X_1 representa as tecnologias emergentes rápidas. De acordo com a equação, o estado da cibersegurança seria muito baixo se os inquiridos escolhessem 7, o que provaria que concordam fortemente com a afirmação de que as tecnologias emergentes rápidas constituem um desafio para o estado da cibersegurança, com um valor de CSS = - 0,282 (7). Por conseguinte, o valor seria CSS = - 1,974 em comparação com o valor se o inquirido discordasse fortemente da afirmação, que é CSS = - 0,282 (1). Por conseguinte, CSS = - 0,282. Uma vez que o inquirido concordou ligeiramente com a afirmação, então SFA = - 0,282 (5). Por conseguinte, SFA = - 1,410. Isto significa que as tecnologias emergentes rápidas têm um efeito no estado da cibersegurança, embora não em grande medida, mas o efeito é percetível porque o valor negativo é superior ao valor médio, que é - 1,128

A relação entre o aumento das ameaças à cibersegurança e o estado da cibersegurança seguiu um modelo de regressão simples da natureza, CSS= - 0,304X2, em que X2 representa o aumento das ameaças à cibersegurança. De acordo com a equação, o estado da cibersegurança seria muito baixo se os inquiridos escolhessem 7, o que provaria que concordam fortemente com a afirmação de que o aumento das ameaças à cibersegurança constitui um desafio à aplicação efectiva da cibersegurança, com um valor de CSS = - 0,304 (7). Por conseguinte, o valor seria CSS = - 2,128 em comparação com o valor se o inquirido discordasse fortemente da afirmação, que é CSS = - 0,304 (1). Por conseguinte, CSS = - 0,304. Uma vez que o inquirido concordou moderadamente com a afirmação, então SFA = - 0,304 (6). Por conseguinte, SFA = - 1,824. Isto significa que o aumento das ameaças à cibersegurança tem um efeito no estado da cibersegurança, em grande medida porque o efeito é percetível porque o valor negativo é superior ao valor médio que é - 1,216.

A relação entre a falta de sensibilização para os efeitos adversos da cibercriminalidade e o estado da cibersegurança seguiu um modelo de regressão simples da natureza, CSS= - 0,369 X3, em que X3 representa a falta de sensibilização para os efeitos adversos da cibercriminalidade. De acordo com a equação, o estado da cibersegurança seria muito baixo se os inquiridos escolhessem 7, o que provaria que concordam fortemente com a afirmação de que a tecnologia emergente rápida representa um desafio para o estado da cibersegurança, com um valor de CSS = - 0,369 (7). Por conseguinte, o valor seria CSS = - 2,583 em comparação com o valor se o inquirido discordasse fortemente da afirmação, que é CSS = - 0,369 (1). Por conseguinte, CSS = - 0,369. Uma vez que o inquirido concordou ligeiramente com a afirmação, então SFA = - 0,369 (5). Por conseguinte, a SFA = - 1,845. Isto significa que a falta de sensibilização para os efeitos adversos da cibersegurança tem um efeito sobre o estado da cibersegurança, embora não em grande medida, mas o efeito é percetível porque o valor negativo é superior ao valor médio, que é - 1,476.

Além disso, a relação entre a legislação inadequada e o estado da cibersegurança seguiu um modelo de regressão simples da natureza, CSS= - 0,357 X_4 , em que X_4 representa a legislação inadequada. De acordo com a equação, o estado da cibersegurança seria muito baixo se os inquiridos escolhessem 7, o que provaria que concordam fortemente com a afirmação de que o aumento dos desafios em matéria de cibersegurança constitui um desafio para a aplicação efectiva da cibersegurança, com um valor de CSS = - 0,357 (7). Por conseguinte, o valor seria CSS = - 2,499 em comparação com o valor se o inquirido discordasse fortemente da afirmação, que é CSS = - 0,357 (1). Por conseguinte, CSS = - 0,357. Uma vez que o inquirido concordou moderadamente com a afirmação, então SFA = - 0,357 (6). Por conseguinte, a SFA = - 2,142. Isto significa que a legislação inadequada tem um efeito sobre o estado da cibersegurança, em grande medida porque o efeito é percetível porque o valor negativo é superior ao valor médio que é - 1,428.

Por último, a relação entre o financiamento insuficiente e o estado da cibersegurança seguiu um modelo de regressão simples da seguinte natureza: CSS= - 0,285 X_5 , em que X_5 representa o financiamento insuficiente. De acordo com a equação, o estado da cibersegurança seria muito baixo se os inquiridos escolhessem 7, o que provaria que concordam fortemente com a afirmação de que o aumento dos desafios em matéria de cibersegurança constitui um desafio à implementação efectiva da cibersegurança, com um valor de CSS = - 0,285 (7). Por conseguinte, o valor seria CSS = - 1,995 em comparação com o valor se o inquirido discordasse fortemente da afirmação, que é CSS = - 0,285 (1). Por conseguinte, CSS = - 0,285. Uma vez que o inquirido concordou fortemente com a afirmação, então SFA = - 0,285 (7). Por conseguinte, SFA = - 1,995. Isto significa que o financiamento insuficiente tem um efeito sobre o estado da cibersegurança, em grande medida porque o efeito é percetível, uma vez que o valor negativo é superior ao valor médio, que é - 1,140.

5.6.2 Ministério do Trabalho, da Segurança Social e dos Serviços

O Ministério do Trabalho, da Segurança Social e dos Serviços do Quénia ocupa-se das questões que afectam os indivíduos na sua qualidade de trabalhadores, empregadores e membros da força de trabalho do país. Estas questões incluem a segurança industrial, a promoção do emprego, a disponibilização de uma fonte de rendimento para os trabalhadores que se lesionam no trabalho e as prestações de reforma. Este ministério foi utilizado para determinar se o quadro proposto é aplicável ao ministério.

A relação entre as tecnologias emergentes rápidas e o estado de cibersegurança seguiu um modelo de regressão simples da seguinte natureza: CSS= - 0,282 X_1 , em que CSS representa o estado de cibersegurança e X1 representa as tecnologias emergentes rápidas. Uma vez que o inquirido concordou moderadamente com a afirmação, então SFA = - 0,282 (6). Por conseguinte, CSS = - 1,692. Isto significa que as tecnologias emergentes rápidas têm um efeito moderadamente elevado no estado da cibersegurança, porque o valor negativo é superior ao valor médio, que é - 1,128

A relação entre o aumento das ameaças à cibersegurança e o estado da cibersegurança seguiu um modelo de regressão simples da seguinte natureza: CSS= - 0,304X2, em que X2 representa o aumento das ameaças à cibersegurança. O inquirido concordou moderadamente com a afirmação, pelo que CSS = - 0,304 (6). Por conseguinte, CSS = - 1,824. Isto significa que o aumento das ameaças à cibersegurança tem um efeito sobre o estado da cibersegurança, em grande medida porque o efeito é percetível porque o valor negativo é superior ao valor médio que é - 1,216.

A relação entre a falta de sensibilização para os efeitos adversos do cibercrime e o estado da cibersegurança seguiu um modelo de regressão simples da seguinte natureza: CSS= - 0,369 X_3 , em que X_3 representa a falta de sensibilização para os efeitos adversos do cibercrime. Se o inquirido concordar ligeiramente com a afirmação, então o SFA = - 0,369 (5). Por conseguinte, a CSS = - 1,845. Isto significa que a falta de sensibilização para os efeitos adversos da cibersegurança tem um efeito sobre o estado da cibersegurança, embora não em grande medida, mas o efeito é percetível porque o valor negativo é superior ao valor médio, que é - 1,476.

Além disso, a relação entre a legislação inadequada e o estado da cibersegurança seguiu um modelo de regressão simples da seguinte natureza: CSS= - 0,357 X_4 , em que X_4 representa a legislação inadequada. Se o inquirido concordar ligeiramente com a afirmação, então SFA = - 0,357 (5). Por conseguinte, a CSS = - 1,785. Isto significa que a legislação inadequada tem um efeito sobre o estado da cibersegurança, em grande medida porque o efeito é percetível porque o valor negativo é superior ao valor médio que é - 1,428.

Por último, a relação entre o financiamento insuficiente e o estado da cibersegurança seguiu um modelo de regressão simples da seguinte natureza: CSS= - 0,285 X5, em que X5 representa o financiamento insuficiente. Uma vez que o inquirido concordou fortemente com a afirmação, então SFA = - 0,285 (7). Por conseguinte, SFA = - 1,995. Isto significa que o financiamento insuficiente tem um efeito sobre o estado da cibersegurança, em grande medida porque o efeito é percetível, uma vez que o valor negativo é superior ao valor médio, que é - 1,140.

5.7 Resumo

Este capítulo destacou o método utilizado na seleção dos desafios de cibersegurança utilizados no desenvolvimento do quadro de avaliação da cibersegurança proposto. Só foram considerados os desafios que, na correlação, eram estatisticamente significativos com o estado da cibersegurança. Este capítulo apresenta também a arquitetura do quadro de avaliação da cibersegurança proposto. Este aspeto está de acordo com os resultados do capítulo quatro. Explica também as implicações do quadro de avaliação da cibersegurança proposto para os ministérios. Em seguida, foram utilizados dois estudos de caso para testar o quadro proposto. Por último, é efectuada uma comparação do quadro de avaliação da cibersegurança com os quadros de cibersegurança existentes relevantes para o estudo. Concluiu-se que o quadro proposto foi o mais forte, tendo em conta todos os requisitos relevantes durante o seu desenvolvimento.

CAPÍTULO SEIS

CONCLUSÃO E RECOMENDAÇÕES

6.1 Conclusão

O estudo forneceu respostas às questões de investigação e descreveu os passos seguidos para formar o quadro de avaliação da cibersegurança proposto. A primeira pergunta de investigação procurou determinar o estado atual da cibersegurança nos ministérios do governo no Quénia. Esta questão foi respondida através dos resultados das estatísticas descritivas e das perguntas das entrevistas. A segunda questão de investigação procurou determinar os desafios da cibersegurança. A resposta foi dada através de estatísticas descritivas e das perguntas da entrevista.

A terceira questão de investigação procurava saber se a identificação do estado de cibersegurança e dos desafios de cibersegurança ajudaria no desenvolvimento de um quadro que pudesse ser utilizado para avaliar a cibersegurança nos ministérios. Esta questão foi respondida pelos resultados da correlação entre os desafios de cibersegurança e o estado de cibersegurança. Concluiu-se que todos os desafios de cibersegurança afectam negativamente o estado de cibersegurança.

O estudo tem várias vantagens para todos os ministérios governamentais que dispõem de ligação à Internet, que incluem: uma forma de avaliar a cibersegurança de uma organização individual, porque o estudo inclui todas as medidas necessárias para a avaliação. Além disso, os resultados do estudo serão úteis para os decisores políticos, a fim de reverem as políticas relacionadas com a cibersegurança. Além disso, o estudo é útil para o organismo legislativo, a fim de rever a legislação de modo a incluir todas as questões relacionadas com a cibersegurança. O quadro proposto incute mais confiança nos ministérios, uma vez que garante que o pessoal está consciente dos efeitos adversos causados pela cibercriminalidade, pelo que será mais responsável pelas suas acções. Para os académicos, os resultados dão-lhes uma visão geral do que é necessário na avaliação da cibersegurança em qualquer organização, facilitando assim a sua investigação.

6.2 Recomendações

A formação sobre questões relacionadas com a cibersegurança deve ser ministrada a todos os funcionários públicos e não a uma parte deles.

Os prestadores de serviços de cibersegurança devem ser sensibilizados para os efeitos dos ciberataques nos ministérios governamentais e, por conseguinte, devem prestar serviços seguros.

6.3 Trabalhos futuros

Há muita investigação a fazer no domínio da cibersegurança. Uma vez que este estudo apenas se debruçou sobre o quadro de avaliação da cibersegurança nos ministérios do governo no Quénia, que estabelece principalmente o estado da cibersegurança nos ministérios do governo no Quénia, identificando os desafios enfrentados e o nível de resposta. É necessário realizar mais investigação neste domínio.

Em primeiro lugar, uma vez que os ciberataques assumem diferentes formas, incluindo ataques do crime organizado, ataques de vírus e worms, entre outros, os seus efeitos também variam, incluindo a manipulação de dados e a negação de serviço, entre outros. Por conseguinte, é necessário realizar uma investigação aprofundada sobre os efeitos da cibercriminalidade nos ministérios públicos do Quénia.

Além disso, uma vez que hoje em dia estamos num mundo digital, muitas organizações, incluindo os ministérios do governo no Quénia, estão ligadas à Internet, o que permite o intercâmbio de informações entre departamentos. Por conseguinte, as deficiências existentes no sistema de intercâmbio podem ser exploradas pelos cibercriminosos, que acabam por causar efeitos negativos. Os cibercriminosos têm diferentes intenções quando efectuam os seus ataques, que podem incluir informar a organização em causa sobre a fraqueza, pelo que é necessário melhorá-la. Por conseguinte, é necessário realizar uma investigação sobre as principais causas dos ataques à cibersegurança nos ministérios públicos do Quénia.

REFERÊNCIAS

Allison, I. e Strangwick, C. (2008). *Segurança informática, privacidade e política: Current Issues, Challenges and Solutions (Questões actuais, desafios e soluções).* IRM Press.

Anderson, R. e Moore, T. (2006). *"The Economics of Information Security".* Science 314: 610-613.

Bauer, M.J. e vanEeten, G.J. (2009). *Cyber-Security: Stakeholders incentives, externalities and policy options.* Telecommunication Policy, Vol.33, No.10.

Billo, C. e Chang, W. (2004). *"Cyber Warfare: An Analysis of the Means and Motivations of Selected Nation States".* Instituto de Estudos de Tecnologia de Segurança, Faculdade de Dartmouth.

Blackburn, J.e Waters, G. (2011). *Otimização da resposta da Austrácia ao desafio cibernético.* Fundação Kokoda.

Blonk, H. V. (2003). Writing Case Studies in Information Systems Research. *Journal of Information Technology,* 18(1): 54-52.

Cole, K., Chetty, M., LaRosa, C., Rietta, F., Schmitt, D. e Goodman, S.E. (2008). *Cybersecurity in Africa: An Assessment.* Sam Nunn School of International Affairs, Georgia Institute of Technology Atlanta, GA US.

Denscombe, M. (2003). *"The Good Research Guide for Small Scale Social Research Projects"* (2ª ed.). Imprensa da Universidade Aberta.

Dunn, M. (2005). *A Comparative Analysis of Cybersecurity Initiatives Worldwide [Análise comparativa das iniciativas de cibersegurança a nível mundial].* WSIS ThematicMeeting on Cybersecurity (Genebra: União Internacional das Telecomunicações).

Dunn, M. (21 de dezembro de 2004). Threat Frames in the US Cyber-Terror Discourse. *Conferência da Associação Britânica de Estudos Internacionais (BISA).* Warwick.

Fischer, E. A. (2005). *Criação de um quadro nacional para a cibersegurança: An Analysis of Issues and Options [Análise de Questões e Opções].* Serviço de Investigação do Congresso (CRS).

Gallaher, M. P., Link, N. A. e Rowe, R. B. (2008). *Cyber Security.* Cheltenham: Edward

Elgar Publishing Limited.

Heather, G. T. (2008). Identificação de competências de colaboração. Review of Public Personnel Administration . 28(2): 103-119.

Itosno, S. (2012). Quénia: Os cibercriminosos estão a tornar-se indomáveis. BiztechAfrica.

Joeli R. F. (2010). CIBERSECURIDADE: DIVISÃO DE RESPONSABILIDADE NO GOVERNO DOS ESTADOS UNIDOS. INTL604 Interagency Operations Universidade Militar Americana.

Relatório sobre a cibersegurança no Quénia. (2014). Repensar a cibersegurança - "Uma abordagem integrada: Processos, Inteligência e Monitorização".

Kothari, C. R., (2010), Research Methodology; Methods and Techniques, Second Revision Edition, New age international (P) Ltd. Publishers, New Delhi.

Krebs, B. (julho de 2007). *"Três trabalharam na Web para ajudar terroristas".* The Washington Post.

Mugenda, O. & Mugenda, A. (1999). Métodos de Investigação: A Quantitative Approach. Nairobi: Centro Africano de Estudos Tecnológicos.

Muniandy, L. e Muniandy, B. (2012). Estado da segurança cibernética e os factores que regem a sua proteção na Malásia. *Revista Internacional de Ciência e Tecnologia Aplicadas,* 2(4).

Instituto Nacional de Normas e Tecnologia (NIST). (2011, 9 de novembro). Estrutura da força de trabalho de segurança cibernética emitida para comentários públicos. *ScienceDaily.* RetrievedJuly26 , 2012, from http://www.sciencedaily.com /releases/2011/11/111109161347.htm

Obara P.M., Monchari G. O., e Jilo C. I. (2011). Efeitos da cibercriminalidade na segurança do Estado: Types, Impact and Mitigations with the Fiber Optic Deployment in Kenya (Tipos, Impacto e Mitigações com a Implantação de Fibra Ótica no Quénia). Journal of Information Assurance & Cybersecurity. 2011 (2011).

Comité Consultivo do Presidente para as Tecnologias da Informação (PITAC). (2005). *Cyber-Security: A Crisis of Prioritization.* Gabinete de Coordenação Nacional para a Investigação e Desenvolvimento das Tecnologias da Informação, Arlington, VA.

Santos, J. (1999). "Alfa de Cronbach: Um instrumento para avaliar a fiabilidade de escalas". Tools of Trade, 2TOT3, abril. *Revista de Extensão, 37(2).*

Saunders, M., Lewis, P. e Thornhill, A. (2000). *Research Methods for Business Students.* Inglaterra Prentice Hall.

Saunders, M., Lewis, P. e Thornhill, A. (2000). *Research Methods for Business Students.* 4ª ed., Prentice Hall Financial Times, Harlow.

Sekaran U., (2003), Research Methods for Business; A Skill Building Approach, 4th Ed., John Wiley & Sons Inc., Singapura.

Sipress, A. (2004). *'An Indonesian's Prison Memoier Takes Holy War Into Cyberspace'.* Washington Post 14 de dezembro, de http://www.washingtonpost.com/wp-dyn/articles/A62095- 2004Dec13.html.

Tonge, A. M., Kasture, S. S. e Chaudhari, S. R. (2013). Segurança cibernética: desafios para a sociedade - revisão da literatura. *IOSR Journal of Computer Engineering, 12 (2).*

Estados Unidos, General Accounting Office. (2004). *Avaliação tecnológica da cibersegurança para a proteção das infra-estruturas críticas.* Washington, D.C. U.S. General Accounting Office.

Watson, M. (2009). *Estrutura de Avaliação de Segurança - Grandes Recursos do Site de Segurança Cibernética da Pensilvânia.* Recuperado sábado, 21 de novembro de 2009de http: //cybersecurity.state. pa.us/portal/server.pt/community/security_awareness/494/security_assessment_framework/203339

Fórum Económico Mundial. (2010). *Relatório global sobre as tecnologias da informação 2009-2010.* Disponível em http://www.weforum.org/en/initiatives/gcp/Global%20Information%2 0 Technology%20Report/index.htm [Acedido em 7 de março de 2011].

Yin, R. (2002). *"Case Study Research: Design and Methods"* (3ª ed.). Sage Publications London, UK.

Yin, R. (2004). CasestudyMethods : *www.cosmoscorp.com/Docs/AERAdraft.pdf.*

APÊNDICES

CARTA DE APRESENTAÇÃO

Caro inquirido,

Re: MSc. Questionário de Investigação em TI

O meu nome é Alice Nambiro Wechuli, estudante de Mestrado em Tecnologias da Informação na Universidade de Ciência e Tecnologia Masinde Muliro. Estou a realizar um estudo sobre "Quadro de avaliação da cibersegurança nos ministérios do governo no Quénia".

Peço-lhe que dedique alguns minutos a preencher este questionário. Este estudo tem fins puramente académicos e as suas respostas serão mantidas confidenciais.
Agradeceria muito a sua participação no preenchimento do questionário, que foi concebido para utilizar o mínimo de tempo e esforço.

Com os melhores cumprimentos,

Alice Nambiro Wechuli

SIT/G/22/11

Universidade de Ciência e Tecnologia Masinde Muliro

P.O. Box 190-50100 Kakamega

Número de telemóvel 0726 120 259

Correio eletrónico: alicenambiro@yahoo.com

QUESTIONÁRIO

Responda honestamente às perguntas.

PARTE A: INFORMAÇÕES DEMOGRÁFICAS

1. Nome do ministério governamental

2. Género Masculino ☐ Feminino ☐

3. Faixa etária. *(Assinalar corretamente)*

Menos de 18 anos ☐ 18-30 anos ☐ mais de 30 anos ☐

4. Indicar o número de anos decorridos desde a nomeação para o cargo atual. *(Assinalar corretamente)*

Inferior a 2 anos☐ 3-5 anos ☐ 6-9 anos ☐ superior

9 anos ☐

5. O vosso ministério dispõe de ligação à Internet? Sim ☐ Não ☐

PARTE B: ESTADO DA CIBERSEGURANÇA

6. Indique em que medida concorda com as seguintes afirmações. Indique a sua resposta assinalando APENAS UMA das casas da opção correta numa escala de 1 a 5. Quanto mais elevado for o número, mais forte é a concordância. Isto serve como indicação do estado da cibersegurança na sua organização. (1:Discordo totalmente, 2:Discordo, 3:Não tenho a certeza, 4:Concordo e 5:Concordo totalmente)

NO	ITEM	1	2	3	4	5
a	Management structure is decentralized					
b	There are secure cyber security infrastructure					
c	There are well defined strategies to address the cyber security risks					
d	There are adequate cyber security policies and standards					
e	There is adequate security in services provided by third parties					

PARTE C: DESAFIOS EM MATÉRIA DE CIBERSEGURANÇA

7. Indique em que medida concorda com as seguintes afirmações. Indique a sua resposta assinalando APENAS UMA das caixas com a opção correta numa escala de 1 a 5. Quanto mais elevado for o número, mais forte é a concordância. Isto serve como uma indicação dos desafios da cibersegurança na sua organização (1: Discordo totalmente, 2: Discordo, 3: Não tenho a certeza, 4: Concordo e 5: Concordo totalmente)

NO	ITEM	1	2	3	4	5
a	Rapidly emerging technologies is a challenge					
b	Increasing cyber security threats					
c	Lack of awareness of the adverse effects of cyber security threats					
d	Inadequate legislation					
e	Insufficient funding for cyber security programs					

Obrigado pelo seu tempo para preencher este questionário

HORÁRIO DAS ENTREVISTAS

1. Nome da organização

2. Género a) Masculino........................ b) Feminino

3. Número de anos na posição atual

4. Considera que a cibersegurança é importante para a sua organização?

5. Tem um plano formalizado que define políticas e procedimentos para responder a eventos de cibersegurança cometidos contra a organização?

6. Efectua a certificação e a acreditação de sistemas na sua organização?

7. A sua organização dispõe de legislação em matéria de cibercrime? Em caso afirmativo, essa legislação trata suficientemente das questões de cibersegurança?

8. Utiliza software seguro na sua organização? Se sim, o que é que o faz acreditar que é seguro?

9. A sua organização valoriza a sensibilização dos utilizadores finais para a cibersegurança? Em caso afirmativo, estes estão conscientes dos efeitos adversos das ameaças à cibersegurança?

10. Existem fundos suficientes afectados para fazer face aos riscos de cibersegurança?

11. Que tecnologias de segurança são utilizadas na sua organização? (Selecione todas as que se aplicam)

Software antivírus

Firewalls

Software anti-spam

Software anti-spyware

Limites sobre os utilizadores que podem instalar software

Segurança física

Filtragem de conteúdos de sítios Web

Sistema de prevenção/deteção de intrusões

Biometria

Outros (especificar)

12. Que tipos de incidentes de cibersegurança foram detectados pela sua organização? (Selecionar tudo o que se aplica)

Vírus, worms e cavalos de Troia

Spyware

Varreduras de portas

Sabotagem de dados ou da rede

Pornografia

Intrusão na rede

Negação de serviço

Roubo de sistemas informáticos

Outros (especificar)

13. A sua organização tem o registo de segurança informática ativado?

Sim

Não

14. A sua organização tem o registo de sítios Web ativado? (Por exemplo: "Nome de utilizador do funcionário" acedeu ao "sítio Web X" em "data/hora")

Sim

Não

OBRIGADO

MIX
Papier aus verantwortungsvollen Quellen
Paper from responsible sources
FSC® C105338

Printed by Books on Demand GmbH, Norderstedt / Germany